1. Natürliche Zahlen und Größen 4
   1.1   Darstellen von Daten einer Klasse 4
   1.2   Große Zahlen – Stellenwerttafel 4
   1.3   Zweiersystem 5
   1.4   Römische Zahlzeichen 5
   1.5   Anordnung der natürlichen Zahlen – Zahlenstrahl 5
   1.6   Runden von Zahlen – Bilddiagramme 6
   1.7   Größen und ihre Einheiten 7
   1.8   Maßstab 8
   1.9   Grafische Darstellung von Größen in Säulendiagrammen 9
   1.10 Zahlenfolgen 9

Bist du kompetent im   Argumentieren und Kommunizieren **?**
                               Informieren aus Texten und Tabellen 10

2. Rechnen mit natürlichen Zahlen 11
   2.1   Addieren und Subtrahieren 11
   2.2   Schriftliches Addieren und Subtrahieren 11
   2.3   Multiplizieren und Dividieren 12
   2.4   Schriftliches Multiplizieren und Dividieren 12
   2.5   Terme – Rechengesetze 13
   2.6   Potenzieren 14
   2.7   Geschicktes Bestimmen von Anzahlen – Zählprinzip 15

Bist du kompetent im   Mathematischen Modellieren **?**
                               Schätzen und Überschlagen 15

Bist du kompetent im   Problemlösen **?**
                               Erfassen und Lösen von Problemen 15
   2.8   Variable und Gleichungen 16
   2.9   Teiler und Vielfache 17
   2.10 Teilbarkeitsregeln 17
   2.11 Primzahlen – Primfaktorzerlegung 17
   Im Blickpunkt: Besondere Zahlen 18

Bist du kompetent im   Umgang mit Zahlen und Operationen **?**
                               Rechnen mit natürlichen Zahlen 18

3. Geometrie 20
   3.1   Körper und Vielecke 20
   3.2   Koordinatensystem 20
   3.3   Geraden – Beziehungen zwischen Geraden 22
   3.4   Netz und Schrägbild von Quader und Würfel 25

4. Flächen- und Rauminhalte 27
   4.1   Flächenvergleich – Messen von Flächeninhalten 27
   4.2   Formeln für Flächeninhalt und Umfang eines Rechtecks 28
   4.3   Rechnen mit Flächeninhalten 29
   4.4   Volumenvergleich von Körpern – Messen von Volumina 30
   4.5   Formeln für Volumen und Oberflächeninhalt eines Quaders 30
   4.6   Rechnen mit Volumina 31

Bist du kompetent im   Umgang mit dem Messen von Raum und Form **?**
                               Umgang mit Flächeninhalt und Volumen 31

5. Anteile – Brüche 32
   5.1   Einführung der Brüche 32
   5.2   Erweitern und Kürzen 34

Bist du kompetent im   Umgang mit Zahlen und Operationen **?**
                               Umgang mit Brüchen 35

1.1   Darstellen von Daten einer Klasse

3

1.

Schuhgröße	30	31	32	33	34	35	36	37	38	39	40	41
Anzahl	1	0	2	4	3	5	4	5	2	1	1	2

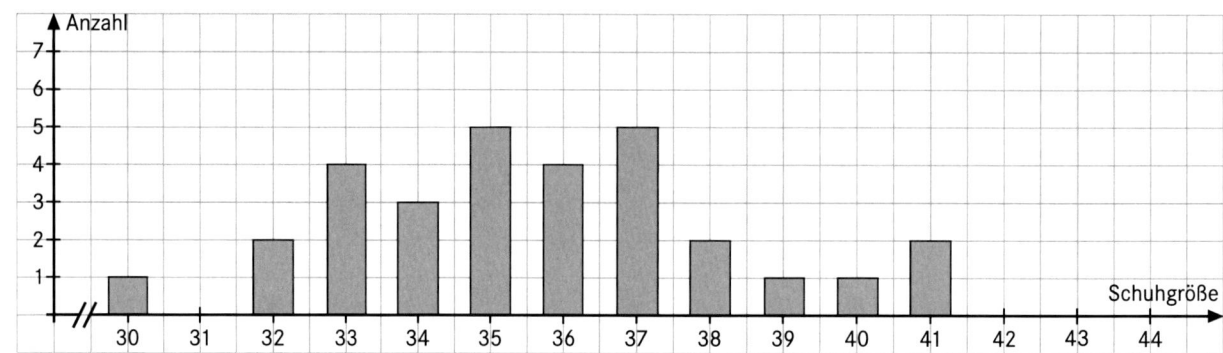

2.a) Das rechte Diagramm gehört zur Klasse 5a.

b) Relativ viele Schüler kommen zu Fuß oder mit dem Rad. Nur zwei Schüler fahren mit der Bahn, fünf mit dem Bus.

1.2   Große Zahlen – Stellenwerttafel

4

3. fünfzehntausendsiebenhundertvierzig; 121 000 €

4.

	Milliarden			Millionen			Tausender					
	H	Z	E	H	Z	E	H	Z	E	H	Z	E
			3	0	0	0	0	1	5	0	0	0
				3	0	4	0	0	6	5	0	7
						7	0	0	0	0	0	2
						6	0	0	0	0	1	0
			1	0	3	0	0	0	0	0	1	0
			4	0	1	3	0	0	0	3	0	0

5.

Vorgänger	Zahl	Nachfolger
1 010 999	1 011 000	1 011 001
478 698	478 699	478 700
889 998	889 999	890 000
209 998 999	209 999 000	209 999 001

6. Neunhundertsiebenundneunzig Millionen siebenhundertfünfundfünfzigtausenddreihunderteinunddreißig; 997 755 331

7. nächstkleinere Zahl: 3 222
nächstgrößere Zahl: 3 232

5

8.a) –

b) 750 000 Bienenvölker; 25 Millionen Kilogramm Honig; 24 Millionen Blüten; 600 Milliarden Blüten; 80 000 Bienen; eine Königin; 1 500 Drohnen; zweitausend Eier; drei Wochen; 100 Blüten; ein Kilogramm Kleehonig; 6 Millionen Kleeblüten

c) Honigproduktion: 25 Millionen Kilogramm Honig; ein Kilogramm Kleehonig

Blütenbestäubung: 24 Millionen Blüten; 600 Milliarden Blüten; 100 Blüten; 6 Millionen Kleeblüten

d)

	Milliarden			Millionen			Tausender			H	Z	E
Blütenbesuche für eine Füllung des Honigmagens										1	0	0
Blütenbesuche für ein Kilogramm Kleehonig						6	0	0	0	0	0	0
Honigproduktion in Deutschland pro Jahr (in Kilogramm)					2	5	0	0	0	0	0	0
Pro Jahr in Deutschland von Honigbienen bestäubte Blüten	6	0	0	0	0	0	0	0	0	0	0	0
Anzahl der Bienenvölker in Deutschland							7	5	0	0	0	0

1.3 Zweiersystem

9.

Zahl im Zehnersystem	Zweiunddrei-ßiger	Sechzehner	Achter	Vierer	Zweier	Einer	Zahl im Zweiersystem
13	0	0	1	1	0	1	$1101_{(2)}$
19	0	1	0	0	1	1	$10011_{(2)}$
31	0	1	1	1	1	1	$11111_{(2)}$
48	1	1	0	0	0	0	$110000_{(2)}$
59	1	1	1	0	1	1	$111011_{(2)}$

10. a) Um möglichst wenig Boote zu nutzen, benötigt die Klasse 3 Achter, 1 Vierer und 1 Einer, also fünf Boote insgesamt.

b) Die Boote haben die Größen eins, zwei, vier und acht. Das sind die ersten Stufen des Zweiersystems. Die Anzahl der Personen (29) ist im Zweiersystem $11101_{(2)}$. Da es aber keine Sechzehnerboote gibt, muss die Klasse drei Achter nehmen.

1.4 Römische Zahlzeichen

11. a) 1907 bis 1911   **b)** 1806   **c)** 1616

12. a) III + V = VIII oder VI + II = VIII   **b)** VI - II = IV   **c)** III · IV = XII

1.5 Anordnung der natürlichen Zahlen – Zahlenstrahl
1.5.1 Vergleich von natürlichen Zahlen

13. a) 99 987 > 4 979   **c)** 76 413 > 76 143
   b) 51 012 < 51 102   **d)** 32 419 < 214 807

14. a) 880 < 898 < 889 < 979 < 997

   b) 996 < 1 213 < 1 507 < 1 496 < 1 508
     oder 996 < 1 213 < 1 807 < 1 496 < 1 508

1.5.2. Zahlenstrahl – Skalen

15. 40; 150; 200; 400; 510; 580; 690; 770; 910; 1 020; 1 150; 1 240; 1 380; 1 510; 1 550

16. 5 100 (f), 5 200 (r); 5 060 (f), 5 600 (r); 6 050 (f), 6 100 (r), 6 300 (r), 6 400 (r), 6 500 (r), 7 200 (r), 7 400 (r), 8 000 (f), 7 800 (r)

7　**17. a)**

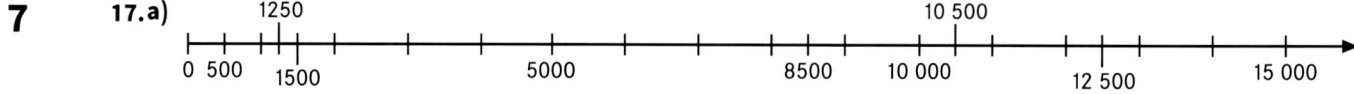

b)

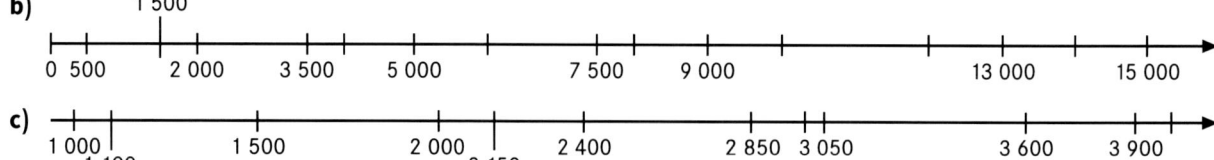

c)

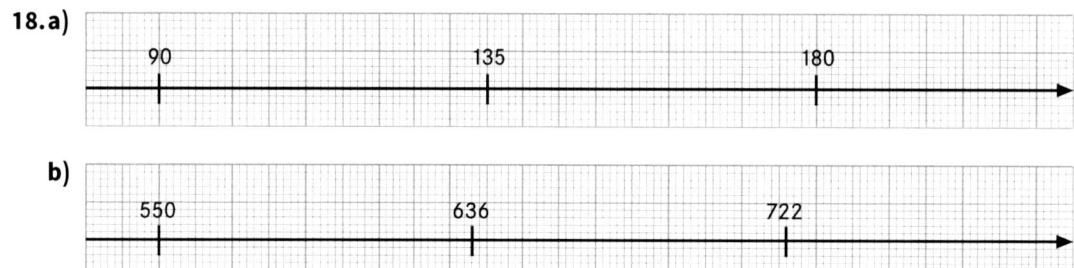

18. a)

90 135 180

b)

550 636 722

1.6 Runden von Zahlen – Bilddiagramme

8　**19. a)** Am höchsten war die Bevölkerungszahl 2005.
－ 2000 und 2010 gab es annähernd gleich viele Bewohner.

b)
Hessen:	6 100 000
NRW:	17 800 000
Niedersachsen:	7 900 000
Sachsen:	4 100 000
Sachsen-Anhalt:	2 200 000
Thüringen:	2 200 000
Rheinland-Pfalz:	4 000 000

c) Jedes Symbol steht für 2 Mio. Einwohner (gerundet).
NRW:	9 Personen
Niedersachsen:	4 Personen
Sachsen:	2 Personen
Sachsen-Anhalt/Thüringen:	Je 1 Person
Rheinland-Pfalz:	2 Personen

20.

Ausgangszahl	gerundet auf			
	10er	100er	1 000er	10 000er
44 454	44 450	44 500	44 000	40 000
45 545	45 550	45 500	46 000	50 000
45 555	45 560	45 600	46 000	50 000
44 554	44 550	44 600	45 000	40 000
45 445	45 450	45 400	45 000	50 000

1.7 Größen und ihre Einheit

1.7.1 Messen von Längen – Längeneinheiten

21. a) Die Strecke $\overline{AB}$ erscheint länger als die Strecke $\overline{CD}$, ist jedoch genauso lang (2,4 cm).

b) Wiederum sind alle Strecken gleich lang (2,1 cm), obwohl die Strecken 2 und 3 länger erscheinen.
Es hängt von der Verschrägung der Enden gegenüber der Strecke ab und ob die Spitzen „nach innen" oder „nach außen" gerichtet sind, wie die Längen „wirken".

22.

	a)	b)	c)
Breite	3,2 cm	4,1 cm	3,9 cm
Höhe	3,2 cm	4,1 cm	4,0 cm

23. a) Die Strecken $\overline{AB}$ und $\overline{CD}$ sind gleich lang, nämlich 3 cm.

b) Die Strecken $\overline{DE}$ und $\overline{FG}$ sind gleich lang, nämlich 3 cm.

24. a)

m			dm	cm	mm
H	Z	E			
	3	0			
		9	0		
		6	0	0	
		3	2	0	
		2	3	0	
		1	4	0	
			4		
				3	2
				1	3

b)

W
E
I
D
E
T
I
E
R

1.7.2 Messen von Gewichten – Gewichtseinheiten

25.

26. a)

3 000 mg	=	3 g
150 000 000 mg	=	150 kg
200 000 000 g	=	200 t
0,090 t	=	90 kg
0,9 t	=	900 kg
6 000 g	=	6 kg
220 000 g	=	220 kg
15 000 000 mg	=	15 kg
0,110 g	=	110 mg

b)

N
I
L
P
F
E
R
D
E

1.7.3 Zeitpunkte, Zeitspannen – Zeiteinheiten

12

27. a)

Pia:	Verbindung IV	Laura:	Verbindung III	Fabian:	Verbindung IV
Daniel:	Verbindung III	Jakob:	Verbindung I	Jannika:	Verbindung I
Lukas:	Verbindung II	Johanna:	Verbindung I		

b) Abfahrt in Köln um 9.53 Uhr: Jannika, Johanna, Jakob

Abfahrt in Köln um 10.54 Uhr: Pia, Fabian, Lukas, Laura, Daniel

c) Wenn man davon ausgeht, dass man nicht von Stuttgart aus zurück über Mannheim fährt, sind es 6 Streckenführungen:

(1) Köln – Limburg – Mainz – Darmstadt – Stuttgart – Singen – Konstanz

Köln – Limburg – Mainz – Mannheim – Stuttgart – Singen – Konstanz

Köln – Limburg – Mainz – Mannheim – Karlsruhe – Baden-Baden – Singen – Konstanz

Köln – Bonn – Koblenz – Mainz – Darmstadt – Stuttgart – Singen – Konstanz

Köln – Bonn – Koblenz – Mainz – Mannheim – Stuttgart – Singen – Konstanz

Köln – Bonn – Koblenz – Mainz – Mannheim – Karlsruhe – Baden-Baden – Singen – Konstanz

(2) Für alle 3 Strecken über Stuttgart gibt es nun die Möglichkeit, direkt oder über Baden-Baden nach Singen zu fahren. Es sind also $3 \cdot 2 = 6$ Streckenführungen.

Entsprechend kann man von Baden-Baden dann auch über Stuttgart fahren, also $3 \cdot 2 = 6$ Streckenführungen.

Insgesamt verdoppelt sich also die Anzahl auf 12 Streckenführungen.

1.8 Maßstab

13

28. a)

Stadtplan:	1 : 15 000, Strecke 300 m
Fahrradkarte:	1 : 100 000, Strecke 2 km
Deutschlandkarte:	1 : 3 000 000, Strecke 60 km

b)

	Deutschlandkarte	Fahrradkarte	Stadtplan
1 cm auf der Karte entspricht in Wirklichkeit:	30 km	1 km	150 m
3 km in Wirklichkeit entspricht auf der Karte:	1 mm	3 cm	20 cm

29.

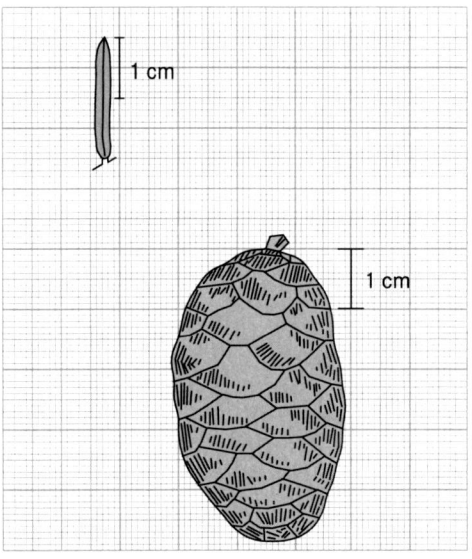

30. (1) ist falsch, sonst wäre laut Maßstab die Entfernung von München nach Stuttgart über 500 km lang.

1.9 Grafische Darstellung von Größen in Säulendiagrammen

14

31. **a)**

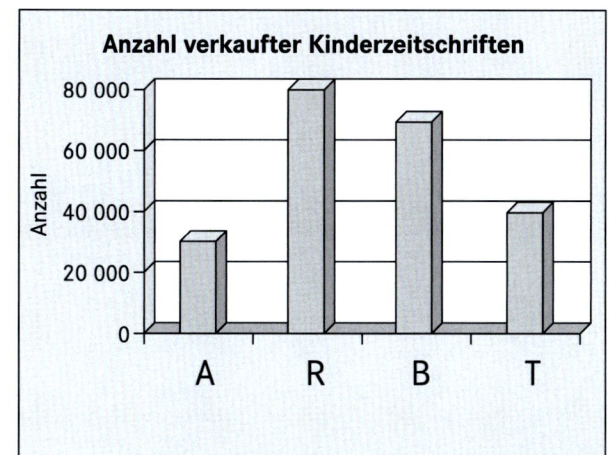

b) 30 000

c) Von Brummi wurden 35 000 Zeitschriften mehr verkauft als von Achtstein.

d) z. B.: Insgesamt wurden 215 000 Zeitschriften verkauft.
Die Auflage von Tigerzahn ist halb so hoch wie die von Ricky Rau.

32. a)/b)/c)

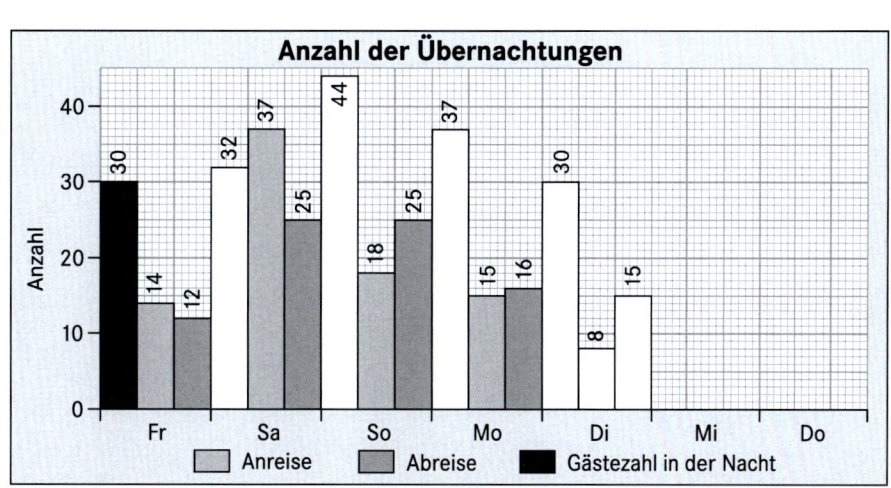

b) In der Nacht zu Sonntag   **d)** 173 Übernachtungen

1.10 Zahlenfolgen

15

33. a)

 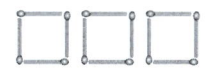  

4   8   12   16   20

b)

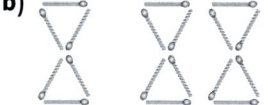  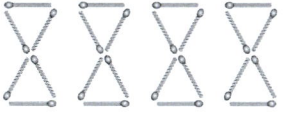 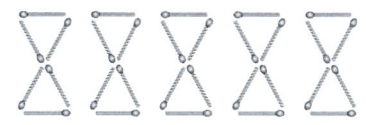

6   12   18   24   30

c)

4   7   10   13   16

d)

   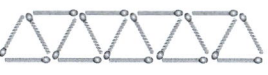

3   7   11   15   19

15   **34. a)** Addiere immer 14.

.......7.......   ....21.......   ....35.......   ....49.......   ....63.......   ....77.......   ....91.......   ....105.......   ....119.......

b) Subtrahiere immer 14.

.......112.......   ....98.......   ....84.......   ....70.......   ....56.......   ....42.......   ....28.......   ....14.......   ....0.......

c) Addiere immer 0,3. ....

.......0,1.......   ....0,4.......   ....0,7.......   ....1,0.......   ....1,3.......   ....1,6.......   ....1,9.......   ....2,2.......   ....2,5.......

35. a)

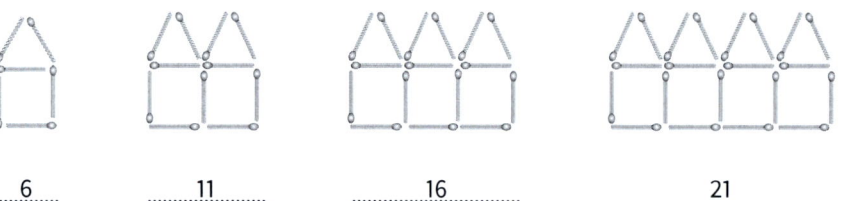

.......6.......   ....11.......   ....16.......   21

b) 36 Streichhölzer.

c) Um die 13. Figur.

36. Beispiel:

Bist du kompetent im Argumentieren und Kommunizieren Informieren aus Texten und Tabellen ?

16   **37. a)** Wanderfalke   **b)** Küstenseeschwalbe

c)

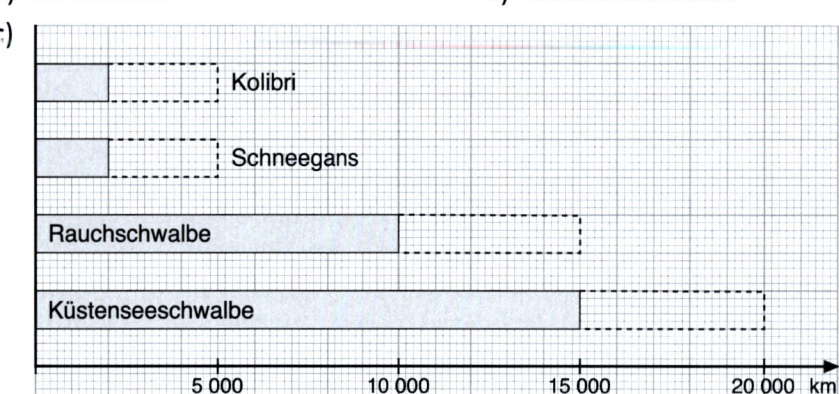

d) Das stimmt nur, wenn man bei der Streifengans vom größten Wert 80 km in der Stunde ausgeht. Sonst sind es weniger als das Doppelte.

e) Sie fliegt etwa halb um die ganze Erde.

f) Sie fliegt über 86 km in der Stunde.

g) Für den Mauersegler stimmt das, für die Meise nicht.

h) –

2.1   Addieren und Subtrahieren

7

1. **a)** 34 + 67 = 101   **c)** 25 + 45 = 70   **e)** 88 + 66 = 154
     b) 99 – 56 = 43   **d)** 76 – 67 = 9   **f)** 45 – 23 = 22

2. (1) 14; (2) 26; (3) 25; (4) 23; (5) 38; (6) 49; (7) 33; (8) 46; (9) 16; (10) 14
   Es entsteht das Bild einer Kirche.

3. 70; 98; 55; 41; 67; 90

8

4.

+	23	38	54	103	81
3	26	41	57	106	84
56	79	94	110	159	137
15	38	53	69	118	96
18	41	56	72	121	99
45	68	83	99	148	126

–	18	6	29	16	34
35	17	29	6	19	1
64	46	58	35	48	30
81	63	75	52	65	47
98	80	92	69	82	64
112	94	106	83	96	78

5. a)

```
              467
          310     157
       201    109    48
    128    73    36    12
  86    42    31    5    7
```

b)

```
                714
            227     487
         50    177    310
      18    32    145    165
   13    5    27    118    47
```

2.2   Schriftliches Addieren und Subtrahieren

6. a) 1 321;   **b)** 1 491;   **c)** 78;   **d)** 77
   e) 1 053;   **f)** 1 170;   **g)** 223;   **h)** 7

7.

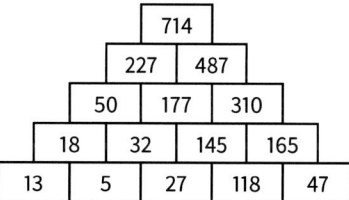

a)
```
  6 7 8
+ 1 0 3
  7 X 1
    8
```

b)
```
  9 1 9
– 8 9 0
  X 2 9
```

c)
```
    4 5
+ 1 2 3
+   7 7
  X 3 5
  2 4
```

d)
```
  7 6 8
+ X 1 0 2
  8 7 0
```

9

8. mindestens 80 Millionen Jahre

9. a) z. B.
```
    342
  + 434
    776
```

b) z. B.
```
    892
  – 446
    446
```

2.3 Multiplizieren und Dividieren

2.3.1 Multiplizieren und Dividieren – Fachbegriffe

19   **10.** 24; 45; 23; 51; 0; 33; 117; 8; 120; 9; 12; 27; 13; 96; 95; 24
Es entsteht das Bild eines Tannenbaumes.

20   **11. a)** 32 · 7 = 224   **b)** 108 : 12 = 9   **c)** 7 · 23 = 161   **d)** 176 : 8 = 22

12.

	A 5	5		B 1	2
C 6	0	8	0		
	D 0		E 1	F 1	1
G 1	7	H 3	8	3	
	I 1	2		J 1	5
K 4	0	0	0	0	
	L 5	0		M 1	2

13. Man teilt die Pizza diagonal (2 ·) jeweils von einer Ecke zur anderen. So erhält man vier gleich große Dreiecke, die jeweils eine extra große Olive enthalten.

2.3.2 Zusammenhang zwischen Multiplikation und Division

21   **14. a)**
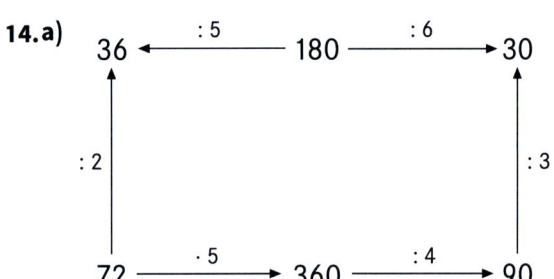
b)
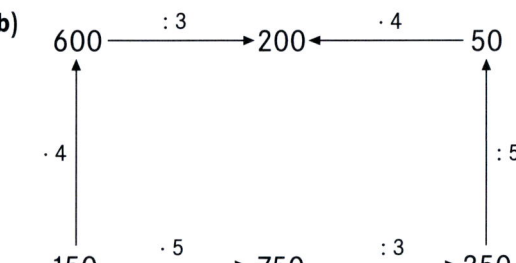

2.4 Schriftliches Multiplizieren und Dividieren

2.4.1 Schriftliches Multiplizieren

15. 1 400 (20 · 60 = 1 200); 1 157 (90 · 10 = 900); 10 884 (900 · 10 = 9 000); 4 592 (160 · 30 = 4 800);
48 840 (900 · 50 = 45 000); 66 120 (800 · 80 = 64 000)   Lösungswort: FERIEN

16.
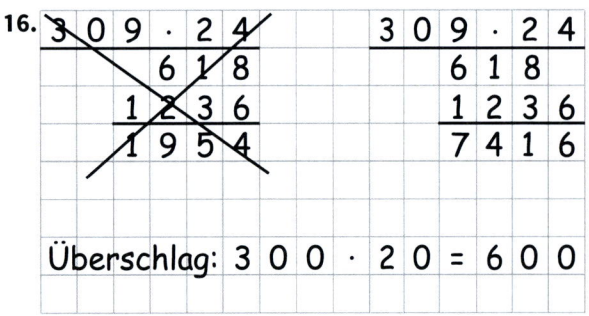
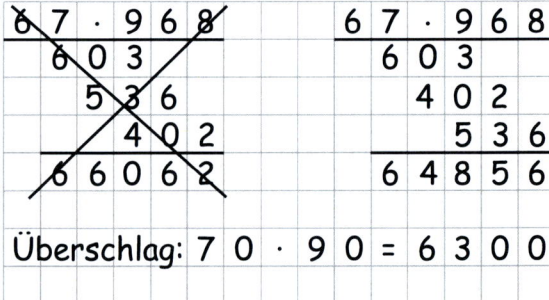

2.4.2 Schriftliches Dividieren

22   **17.** 28; 98; 56; 91; 452

18. 245 : 5 = 49;   132 : 12 = 11

19. a) 609 : 3 = 2̶1̶ 203   **b)** 337 : 3 = 112 Rest 1   **c)**   0 : 567 = 5̶6̶7̶ 0

2.5 Terme – Rechengesetze

2.5.1 Regeln für das Berechnen von Termen

22 **20.** Das Fünfzehnfache der Summe aus 7 und 8. $\quad\quad 15 \cdot (7 + 8) = 225$
Das Fünfzehnfache von 7 vermehrt um 8. $\quad\quad 15 \cdot 7 + 8 = 113$
Das Produkt aus 7 und 8 wird um 15 vermehrt. 1 $\quad 5 + 7 \cdot 8 = 71$
Der Divisor ist die Summe aus 7 und 8, der Dividend 15. $\quad 15 : (7 + 8) = 1$
15 wird um 7 und 8 vermindert. $\quad\quad 15 - 7 - 8 = 0$
Ein Summand ist 15, der andere 7. Von der Summe wird 8 abgezogen. $\quad 15 + 7 - 8 = 14$

23 **21.**

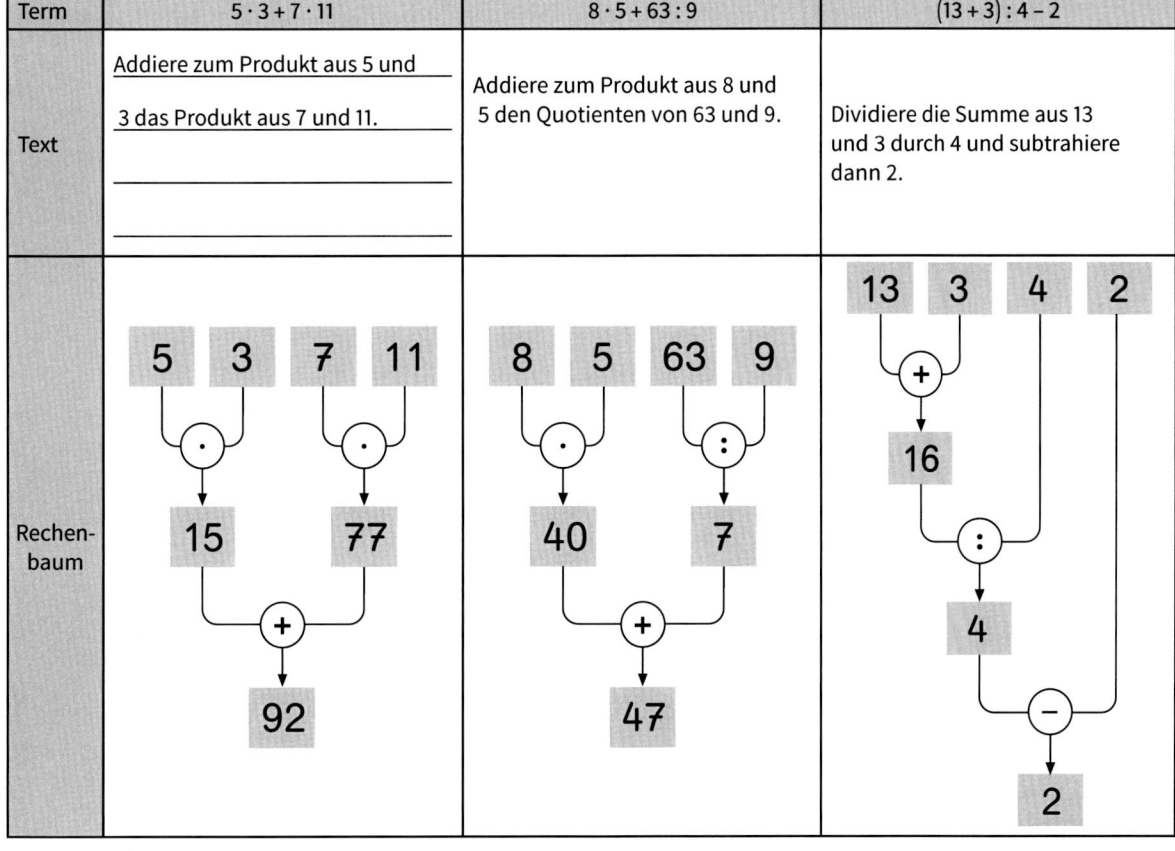

Term	$8 \cdot (5 + 2)$	$(12 + 7) \cdot 3$	$(25 - 5) : 10$
Text	Multipliziere 8 mit der Summe aus 5 und 2.	Multipliziere zu der Summe aus 12 und 7 die Zahl 8.	Dividiere die Differenz aus 25 und 5 durch 10.

Term	$5 \cdot 3 + 7 \cdot 11$	$8 \cdot 5 + 63 : 9$	$(13 + 3) : 4 - 2$
Text	Addiere zum Produkt aus 5 und 3 das Produkt aus 7 und 11.	Addiere zum Produkt aus 8 und 5 den Quotienten von 63 und 9.	Dividiere die Summe aus 13 und 3 durch 4 und subtrahiere dann 2.

24

22.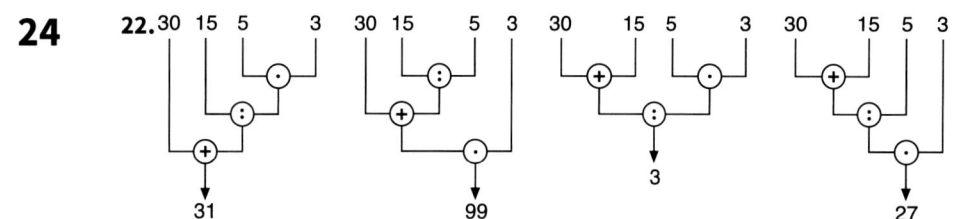

$30 + 15 \cdot (5 \cdot 3)$ $(30 + 15 : 5) \cdot 3$ $(30 + 15) : (5 \cdot 3)$ $[(30 + 15) : 5] \cdot 3$ $30 + (15 : 5) \cdot 3$

23. a) Ausreißer:
   1. Zeile: $47 + 125 \cdot 8$
   2. Zeile: $543 + 257 - (103 + 97)$
   3. Zeile: $3 \cdot 70 + 28$
   4. Zeile: $96 : (16 + 8) - 2$

b)

1 376	1 376	1 047	1 376
794	600	794	794
294	294	294	238
2	12	12	12

2.5.2 Vorteilhaftes Rechnen – Kommutativgesetz und Assoziativgesetz

24. $12\ 413 \cdot 4\ 195 = 4\ 195 \cdot 12\ 413$

$3\ 512 + 12\ 719 + 8\ 409 = 8\ 409 + 12\ 719 + 3\ 512$

$198 \cdot 274 \cdot 1\ 406 = 1\ 406 \cdot 274 \cdot 198$

$45\ 712 + 19\ 829 = 19\ 829 + 45\ 712$

2.5.3 Vorteilhaftes Rechnen – Distributivgesetze

25

25. $7 \cdot 95\ \text{ct} + 7 \cdot 25\ \text{ct} = 665\ \text{ct} + 175\ \text{ct} = 840\ \text{ct} = 8{,}40\ €$
   $7 \cdot (95\ \text{ct} + 25\ \text{ct}) = 7 \cdot 120\ \text{ct} = 840\ \text{ct} = 8{,}40\ €$
   Der zweite Weg ist günstiger.

2.6 Potenzieren

26. Quadratzahlen: $0, 1, 4, 9, 16, 25, 49, 64, 81, 100, 144, 169, 225, 256, 289, 324, 400$
   Zweierpotenzen: $1, 4, 16, 32, 64, 128, 256, 512$

27. $2^5 : 2^5 = 1$ $10^0 = 1$ $234^2 - 234^2 = 0$ $10^3 - 999 = 1$
   $0 : 5^6 = 0$ $11^2 \cdot 0 = 0$ $5 : 0$ nicht lösbar $3^2 \cdot 2 \cdot 0 = 0$
   $0 \cdot 0 = 0$ $0 : 0$ nicht lösbar $3^2 - 2^3 = 1$ $4^2 : 2^4 = 1$

26

28. a) 10^2 **e)** 10^7
   b) 10^4 **f)** 10^{12}
   c) 10^6 **g)** 10^1
   d) 10^8 **h)** 10^0

29. $3 \cdot 7 + 2^2 = 21 + 4 = 25$ $27 + 0 + 15 = 27 + 15 = 42$
   $15 - 2 \cdot 3 = 15 - 6 = 9$ $45 : 9 + 19 = 5 + 19 = 24$
   $18 + 17 - 12 = 35 - 12 = 23$ $36 : (18 - 9) = 36 : 9 = 4$
   $20 : 2 \cdot 3 = 10 \cdot 3 = 30$ $26 + 3 \cdot (12 - 7) = 26 + 3 \cdot 5 = 26 + 15 = 41$
   $2^4 \cdot (4 - 2) = 16 \cdot 2 = 32$ $2^2 \cdot 3^2 = 4 \cdot 9 = 36$
   $(8 + 3) \cdot 11 = 11 \cdot 11 = 121$ $3^3 + 4^2 = 27 + 16 = 43$
   $(2 + 7) \cdot (9 - 6) = 9 \cdot 3 = 27$ $6^2 + 18 : 2 = 36 + 9 = 45$
   $(28 - 4) : (12 - 8) = 24 : 4 = 6$ $(3 + 13) \cdot (2 : 2) = 16 \cdot 1 = 16$
   $(33 + 19) - 2^5 = 52 - 32 = 20$ $0 : 3 + 22 = 0 + 22 = 22$
   $3 \cdot 0 \cdot 12 = 0 \cdot 12 = 0$ $7 : 7 + 7 : 7 = 1 + 1 = 2$
   $210 : 10 : 3 = 21 : 3 = 7$

30. $999 + 9 : 9 = 1\ 000$

2.7 Geschicktes Bestimmen von Anzahlen – Zählprinzip

27

31. a)

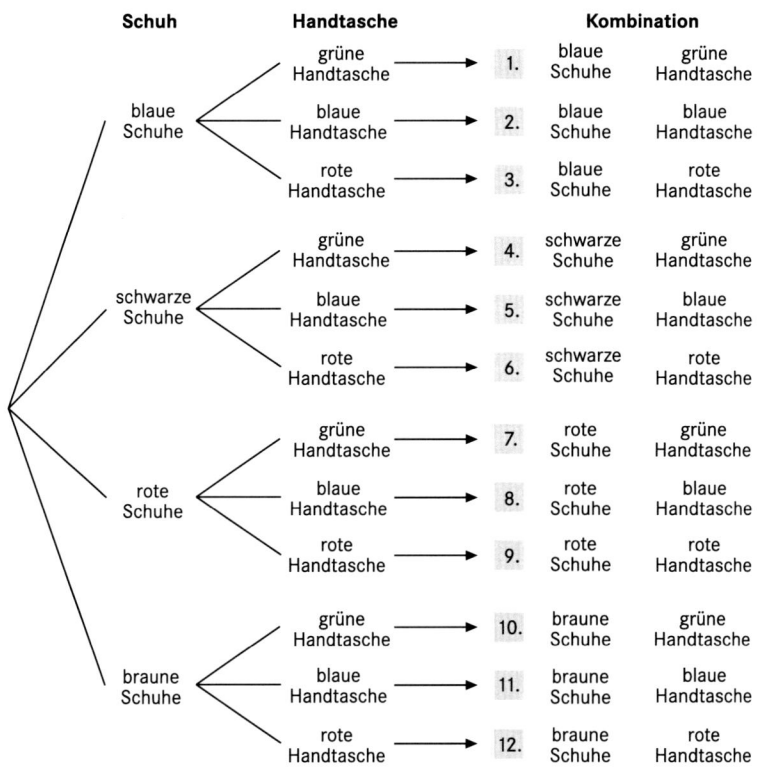

	Schuh	Handtasche		Kombination	

b) 3 · 4 = 12

c) 10

d) 3 · 4 · 5 = 60

Bist du kompetent im Mathematischen Modellieren? Schätzen und Überschlagen

28

32. a) Er ist ca. 1,73 m groß.

b) Der Stiefelträger müsste ca. 18,5 m groß sein.

c) ca. 28–30 cm

d) etwa 1,80 m bis 2 m

e) Die Schuhgröße könnte schätzungsweise im Bereich zwischen 250 und 300 liegen.

33. a) falsch   **b)** falsch   **c)** wahr   **d)** falsch   **e)** wahr

34. Betrachte z. B. ein 2,5 cm · 2,5 cm großes Quadrat, zähle die Bienen und versechzehnfache dann das Ergebnis. Es sind etwa 160 Bienen.

29   **35.** –   **36.** –   **37.** –

Bist du kompetent im Problemlösen? Erfassen und Lösen von Problemen

30

38. a) Z. B. Zucker, Mehl und Wasser für den Teig.

b) Nimmt man an, dass ein Ei 65 g wiegt, wiegt die Torte gut 3 000 kg.

c) etwa 8 500 Stücke

d) ca. 500

39. –

2.8 Variable und Gleichungen

2.8.1 Aufstellen von Termen

31 **40.**

Kantenlänge (in m)	Materialbedarf (in m)
1	$(1+1+1+1)+(1+1+1+1)=4\cdot1+4\cdot1=4+4=8$
2	$(1+1+1+1)+(2+2+2+2)=4\cdot1+4\cdot2=4+8=12$
3	$(1+1+1+1)+(3+3+3+3)=4\cdot1+4\cdot3=4+12=16$
x	$(1+1+1+1)+(x+x+x+x)=4\cdot1+4\cdot x=4+4x=4\cdot(1+x)$

2.8.2 Lösen einer Gleichung durch systematisches Probieren

41.

Einsetzung für a	Berechnung	Aussage wahr oder falsch?
2	$4=36$	falsch
4	$16=52$	falsch
6	$36=68$	falsch
8	$64=84$	falsch
10	$100=100$	wahr

42.a) (1) $x\cdot5+4=3\cdot13$ (2) $100-3\cdot x=50:2$

  b) (1) $11+y\cdot4=51$ (2) $z:2+13=32$

2.8.3 Lösen einer Gleichung durch Rückwärtsrechnen

32 **43.a)** $2\cdot x-17=53$ x $\xrightarrow{\;\cdot2\;}$ $2\cdot x$ $\xrightarrow{\;-17\;}$ 53 $L=\{35\}$

  35 $\xleftarrow{\;:2\;}$ 70 $\xleftarrow{\;+17\;}$ 53

  b) $3x+14=125$ x $\xrightarrow{\;\cdot3\;}$ $3\cdot x$ $\xrightarrow{\;+14\;}$ 125 $L=\{37\}$

  37 $\xleftarrow{\;:3\;}$ 111 $\xleftarrow{\;-14\;}$ 125

  c) $x:4-5=19$ x $\xrightarrow{\;:4\;}$ $x:4$ $\xrightarrow{\;-5\;}$ 19 $L=\{96\}$

  96 $\xleftarrow{\;\cdot4\;}$ 24 $\xleftarrow{\;+5\;}$ 19

  d) $x:5+9=15$ x $\xrightarrow{\;:5\;}$ $x:5$ $\xrightarrow{\;+9\;}$ 15 $L=\{30\}$

  30 $\xleftarrow{\;\cdot5\;}$ 6 $\xleftarrow{\;-9\;}$ 15

32 **44.**

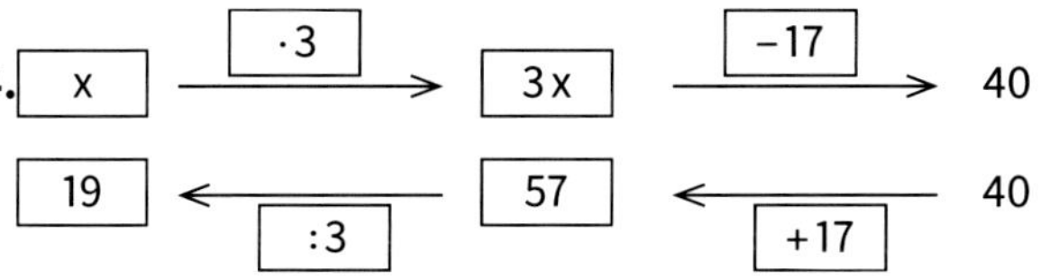

Die gedachte Zahl ist 19.

2.9 Teiler und Vielfache

45. 90 ist teilbar durch 3, 5.
60 ist teilbar durch 3, 4, 5, 6.
81 ist teilbar durch 3.
720 ist teilbar durch 3, 4, 5, 6.
63 ist teilbar durch 3, 7.
21 ist teilbar durch 3, 7.
300 ist teilbar durch 3, 4, 5, 6.
490 ist teilbar durch 5, 7.
100 ist teilbar durch 4, 5.
20 ist teilbar durch 4, 5.
7 000 ist teilbar durch 4, 5, 7.
216 ist teilbar durch 3, 4, 6.
444 ist teilbar durch 3, 4, 6.
500 ist teilbar durch 4, 5.
86 ist teilbar durch keine der Zahlen 3 bis 7.

2.10 Teilbarkeitsregeln
2.10.1 Endstellenregeln

33 **46.** Zahlen die durch 2 und 5 teilbar sind, sind stets auch durch 10 teilbar.

1	(2)	3	(4)	(5)	(6)	7	(8)	9	(10)
11	(12)	13	(14)	(15)	(16)	17	(18)	19	(20)
21	(22)	23	(24)	(25)	(26)	27	(28)	29	(30)
31	(32)	33	(34)	(35)	(36)	37	(38)	39	(40)
41	(42)	43	(44)	(45)	(46)	47	(48)	49	(50)

2.10.2 Quersummenregel

47. Durch 9 teilbar sind 27, 63, 432, 99, 216, 18, 81, 45, 9, 108, 36, 33, 531
Alle anderen Zahlen sind durch 3 aber nicht durch 9 teilbar.
(Fehler in Auflage 1: die 67 ist weder durch 3, noch durch 9 teilbar. Die richtige Zahl ist hier die 63.)

2.11 Primzahlen – Primfaktorzerlegung

48. Man erhält einen Tannenbaum.

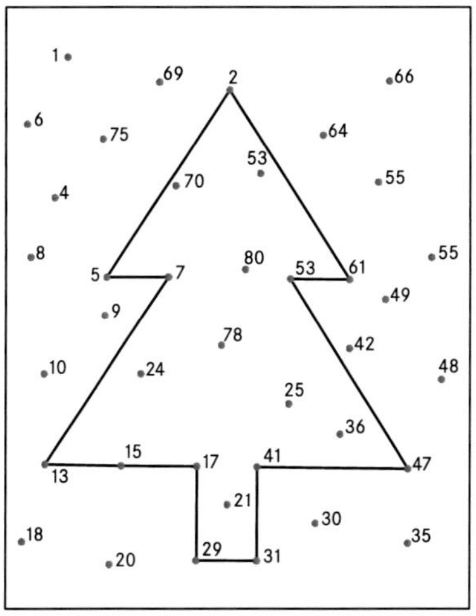

Im Blickpunkt: Besondere Zahlen

35

49.a) Die zwei Unterhalten sich über die Primzahlen.

b) Eine Primzahl hat <u>genau</u> zwei natürliche Zahlen als Teiler. Null und Eins sind also keine Primzahlen.

c)

	2	3	4	5	6	7	8	9	10
11	12	13	14	15	16	17	18	19	20
21	22	23	24	25	26	27	28	29	30
31	32	33	34	35	36	37	38	39	40
41	42	43	44	45	46	47	48	49	50
51	52	53	54	55	56	57	58	59	60
61	62	63	64	65	66	67	68	69	70
71	72	73	74	75	76	77	78	79	80
81	82	83	84	85	86	87	88	89	90
91	92	93	94	95	96	97	98	99	100

50.a) in etwa 64 km

b) Auf ein Blatt passen etwa 59 Zeilen. In eine Zeile passen 42 Ziffern. Dann würden auf ein DIN-A4-Blatt 42 · 59 = 2478 Ziffern passen. Für die bisher bekannte größte Primzahl würde man also ungefähr 5180 DIN-A4-Seiten vollschreiben.

c) –

Bist du kompetent im Umgang mit Zahlen und Operationen Rechnen mit natürlichen Zahlen ?

36

51.

13	2	3	16
8	11	10	5
12	7	6	9
1	14	15	4

52.a) (1) 11 · 12 = 132   (2) 8 + 3 · 12 = 8 + 36 = 44   (3) 8 + 48 – 4 = 52

b) –

53.   99 999 + 900 001 = 1 000 000   10 001 + 989 999 = 1 000 000   550 000 + 450 000 = 1 000 000
      500 401 + 499 599 = 1 000 000   580 408 + 419 592 = 1 000 000   998 998 +   1 002 = 1 000 000
      419 592 + 580 408 = 1 000 000   459 879 + 540 121 = 1 000 000

54. 651 : 93 ≈ 630 : 90 = 7 (einstellig)   35 · 9 · 8 ≈ 35 · 10 · 10 = 3 500 (vierstellig)
      85 · 11 ≈ 85 · 10 = 850 (dreistellig)   667 : 23 ≈ 600 : 20 = 30 (zweistellig)
      25^3 ≈ 600 · 25 = 15 000 (fünfstellig)

55.

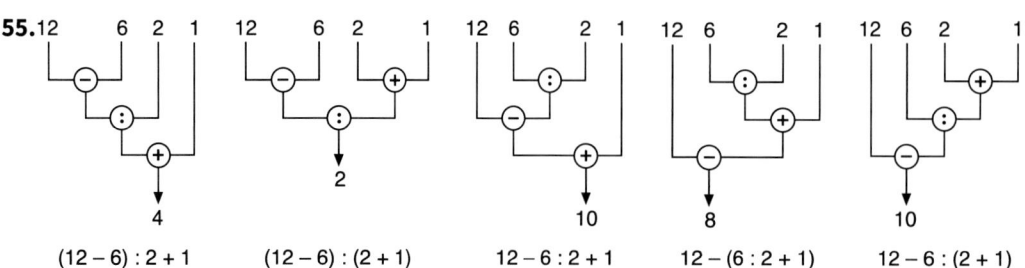

(12 – 6) : 2 + 1   (12 – 6) : (2 + 1)   12 – 6 : 2 + 1   12 – (6 : 2 + 1)   12 – 6 : (2 + 1)

37

56.

a + b = c	a – b = c	a · b = c	a : b = c
plus	minus	mal	geteilt durch
vermehren	vermindern	vervielfachen	teilen
Summand	Minuend	Faktor	Divisor
Summand	Subtrahend	Faktor	Dividend
Summe	Differenz	Produkt	Quotient

57.

A 9	B 9	9		C 8	D 1
0	0		E 2		0
0		F 2	5	6	
	G 6	6	6		H 2
I 7	9	8		J 3	2
2	9		K 4	2	5

58. a) falsch; z. B. a = 10 und b = 200

b) wahr

c) wahr

d) falsch; wenn b kleiner wird, wird a größer

e) falsch; wenn a eine gerade Zahl ist, muss b auch gerade sein

f) wahr

3.1 Körper und Vielecke

3.1.1 Körper – Ecken, Kanten, Flächen

38   **1.**

Quader	Kegel	Zylinder	Kugel
Holzstück Streichholzschachtel Buch dünne Holzlatte Würfel Karton (wenn der Deckel zu ist)	Eistüte Schultüte oberer Teil der Kerze	Baumstück flache Dose hohe Dose Trommel unterer Teil der Kerze	Ball Apfelsine Eiskugel Tischtennisball Globus

Das Glas lässt sich nicht einordnen. Es ist angenähert ein Zylinder.

2. Marksburg: Pyramide, Quader, Zylinder, Kegel
Burg Stahleck: Zylinder, Kegel
Ehrenburg: Zylinder, Quader

3.1.2 Vieleck – Umfang und Diagonale

39   **3. a)** Dreieck, Fünfeck, Viereck, Fünfeck

b)

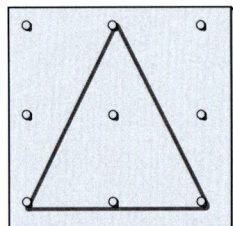 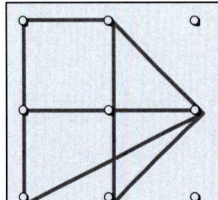 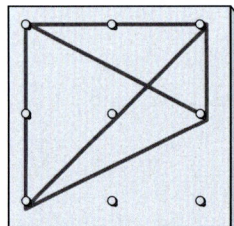 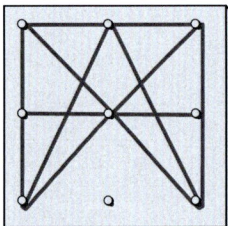

4. a) A hat 4 gleichlange kurze Strecken und 2 gleichlange schräge Strecken,
$u_A \approx 4 \cdot 1{,}2\ cm + 2 \cdot 1{,}7\ cm \approx 8{,}2\ cm$
B hat 8 kurze Strecken. $u_B \approx 8 \cdot 1{,}2\ cm \approx 9{,}6\ cm$
$u_A < u_B$

b) A hat 3 lange und 2 kurze Strecken.
$u_A \approx 3 \cdot 1{,}7\ cm + 2 \cdot 1{,}2\ cm \approx 7{,}5\ cm$
B hat 2 lange und 4 kurze Strecken.
$u_B \approx 4 \cdot 1{,}2\ cm + 2 \cdot 1{,}7\ cm \approx 8{,}2\ cm.$
$u_A < u_B.$

3.2 Koordinatensystem

40   **5. a)** A (2 | 1)   B (6 | 1)   C (6 | 4)   D (5 | 6)
E (3 | 6)   F (2 | 4)   G (6 | 8)   H (8 | 9)
I (8 | 10)   J (7 | 10) K (2 | 8)   L (3 | 9)
M (2 | 10)   N (1 | 9)

40   **5. b)**

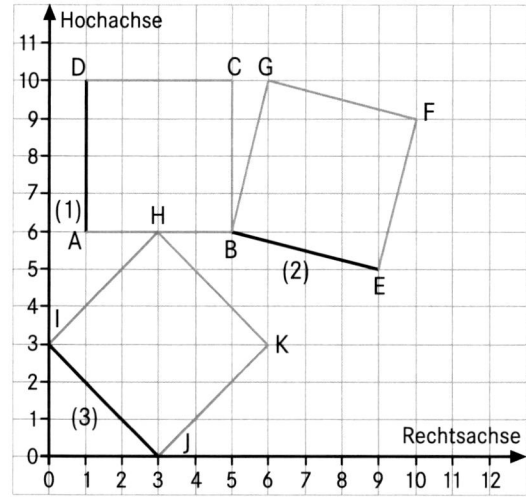

(1) A (1 | 6), B (5 | 6), C (5 | 10), D (1 | 10)
(2) E (9 | 5), F (10 | 9), G (6 | 10)
(3) H (3 | 6), I (0 | 3), J (3 | 0), K (6 | 3)

6. a)

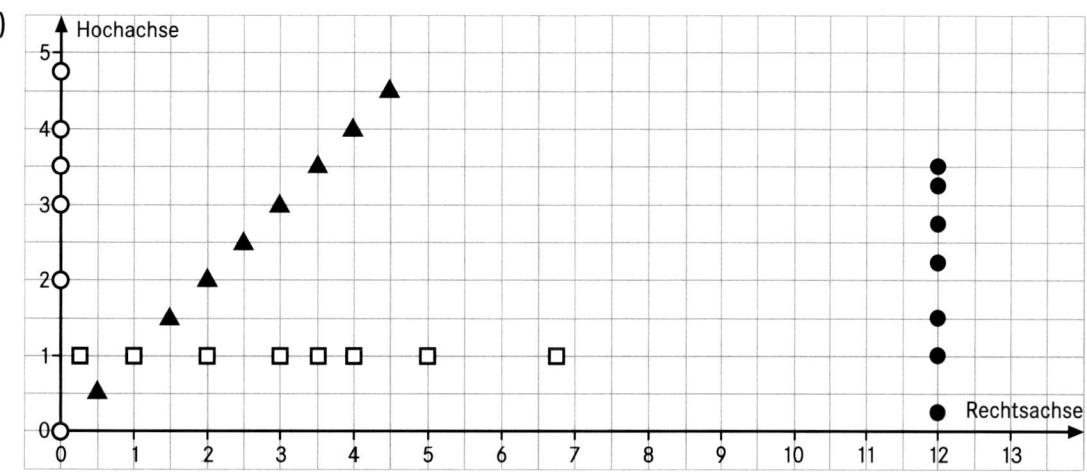

b) –

41   **7.** –

8. –

3.3 Geraden – Beziehungen zwischen Geraden

3.3.1 Geraden

42

9. a)/b)

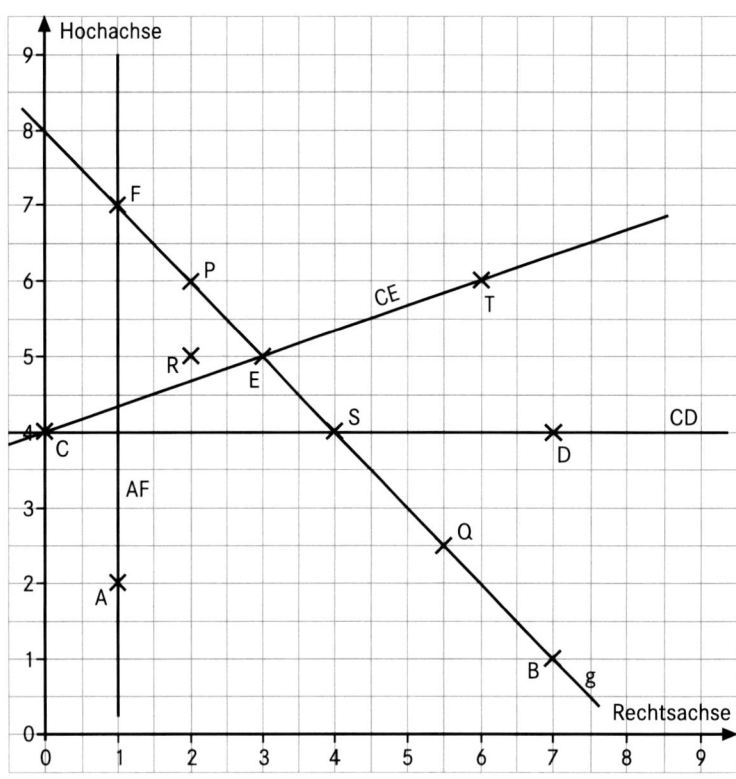

c) z. B. P (2 | 6); Q (5,5/2,5)

d) S (4 | 4)

e) Die Gerade AF ist Parallele zur Hochachse. Dies lässt sich daran erkennen, dass A und F denselben Rechtsachsenwert haben.

f) R liegt etwas oberhalb, T auf der Geraden CE.

10. a) Ben hat Recht. Schon bei 4 Geraden stimmt Julians Vermutung nicht, denn es gibt hier bis zu 6 Schnittpunkte.

b)

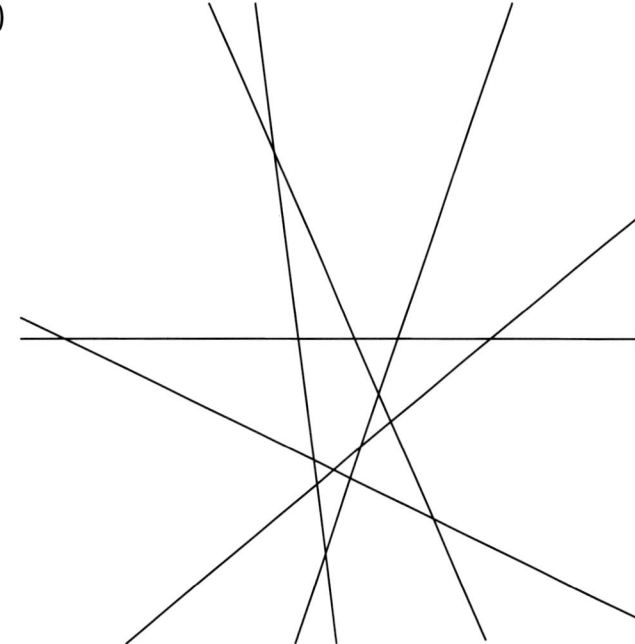

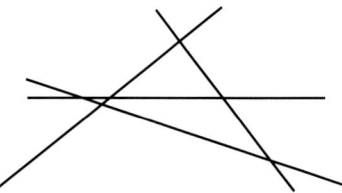

Es gibt eine andere Regelmäßigkeit als die von Julian behauptete. Es kommen immer genauso viele Schnittpunkte hinzu, wie es vorher Geraden waren, also:

Bei 1 Geraden gibt es 0 Schnittpunkte, bei zwei einen, bei drei drei, bei vier sechs, usw.

Sechs Geraden haben also 15 Schnittpunkte, zehn Geraden 45.

6 Geraden:
Eine entsprechende Zeichnung für 10 Geraden ist nicht mehr sinnvoll.

3.3.2 Zueinander orthogonale Geraden

43 **11.**

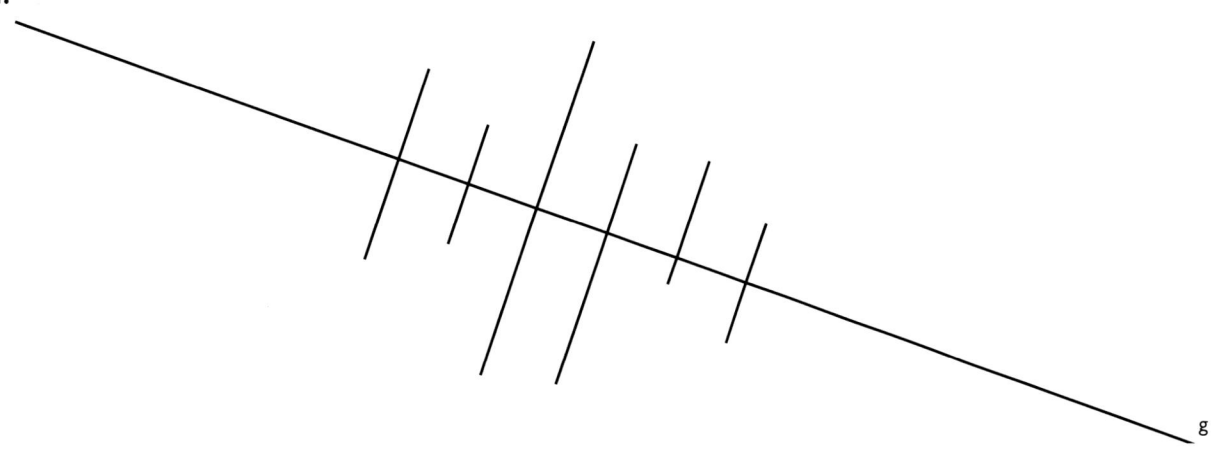

12. a)

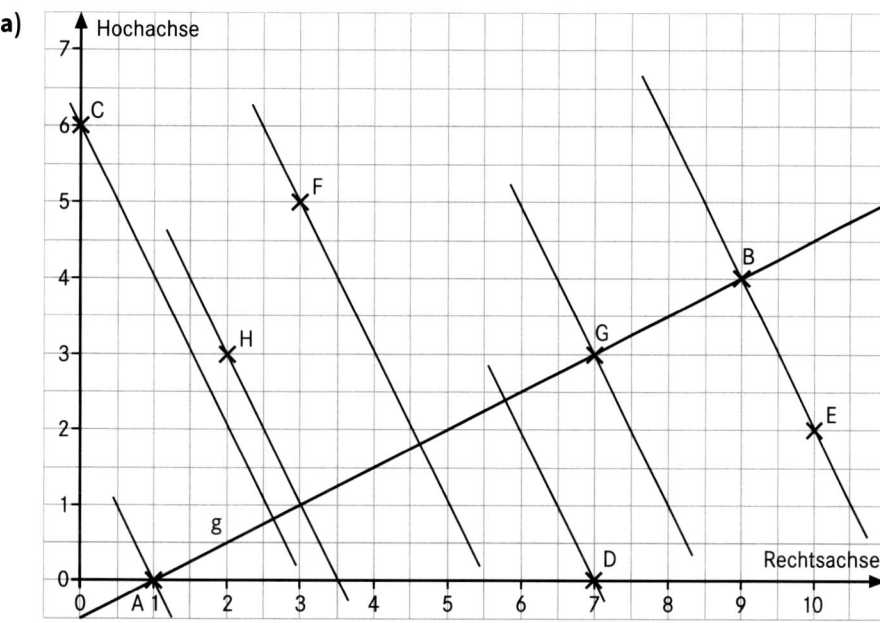

b)

Punkt	C	D	E	F	G	H
Abstand von g	5,9 cm	2,6 cm	2,1 cm	3,6 cm	0 cm	2,3 cm

c) z. B. P (0,75 | 1,5), Q (7,5 | 5), R (6,5 | 1), S (9,5 | 2,5)
Alle Punkte liegen auf einer von zwei parallelen Geraden ober- bzw. unterhalb von g.
Die beiden parallelen Geraden haben von g den gleichen Abstand.

3.3.3 Zueinander parallele Geraden – Besondere Vierecke

44 **13.** Obwohl es anders aussieht, sind alle Streifen am Rand und in der Mitte jeweils gleich breit.
In den linken Zeichnungen in a) und b) wirkt es jeweils so, als ob der Streifen in der Mitte schmaler wäre als am Rand, in den rechten wirkt es so, als ob der Streifen in der Mitte breiter wäre als am Rand.

44   **14. a)**

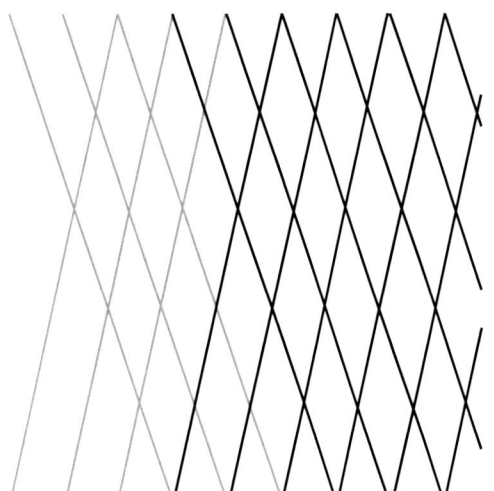

b) –

15. Es sind insgesamt 30 Quadrate (16 kleine, 1 großes, 4 aus jeweils 9 kleinen Quadraten, 9 aus jeweils vier kleinen Quadraten zusammengesetzte Quadrate).

16. Es sind zwei Rechtecke, sechs Quadrate, 0 Parallelogramme und 24 Trapeze. (Hierbei wurde außer Acht gelassen, dass jedes Quadrat auch ein Rechteck, dieses auch ein Parallelogramm und dieses auch ein Trapez ist.)

45   **17. a)** $f \parallel h$, $b \parallel d$ **b)** $a \perp c$, $b \perp g$, $d \perp g$

18. a)

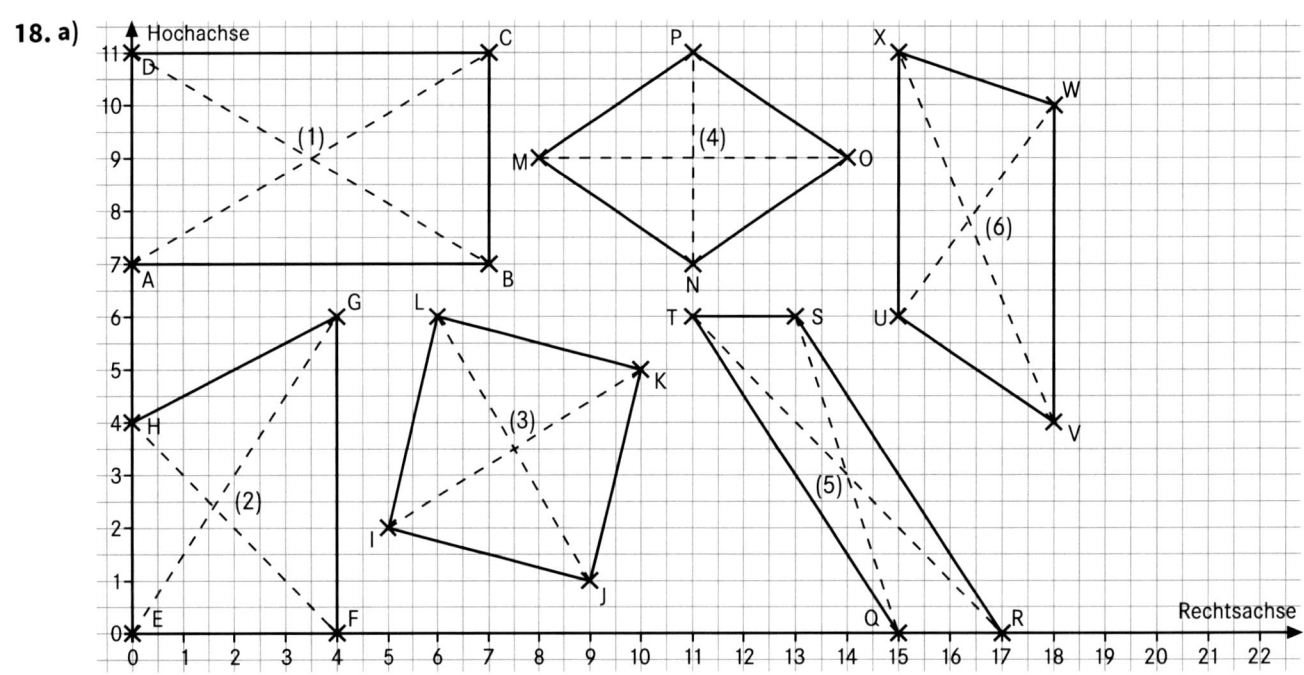

Viereck	(1)	(2)	(3)	(4)	(5)	(6)
Parallelogramm					×	
Rechteck	×					
Quadrat			×			
Raute				×		
Trapez		×				×

b)

Viereck	(1)	(2)	(3)	(4)	(5)	(6)
Diagonalen sind gleich lang.	×		×			
Diagonalen sind orthogonal zueinander.			×			

Bei einer Raute sind die Diagonalen zwar orthogonal zueinander, aber nicht gleich lang.

3.4   Netz und Schrägbild von Quader und Würfel

3.4.1 Herstellen von Quader und Würfel aus einem Netz

46   **19. a)** (1), (3), (4), (5)

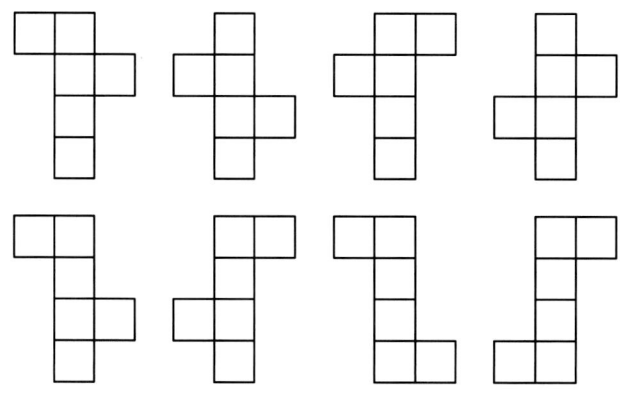

b) Es gibt 20 verschiedene Würfelnetze.

47   **20.** Beispiel:

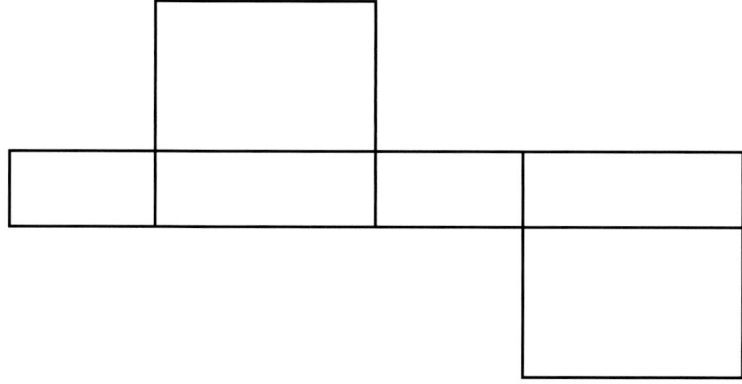

21. Wahr sind **b)**, **c)** und **e)**.

3.4.2 Schrägbild von Quader und Würfel

47 **22.**

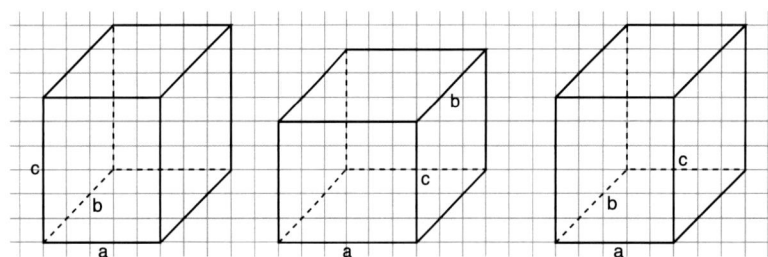

3.4.3 Vermischte Übungen

48 **23. a)**

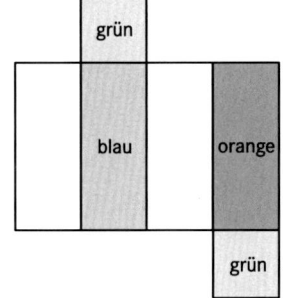

b)

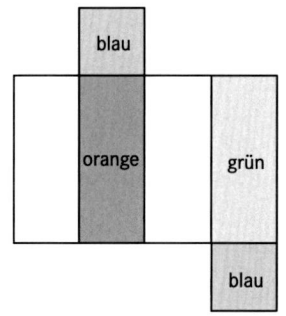

c)

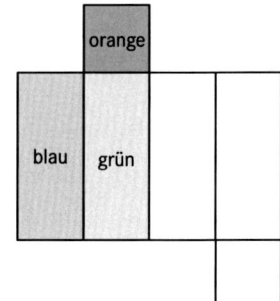

24. a)

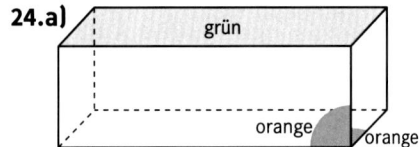

b)

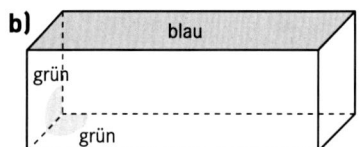

c)

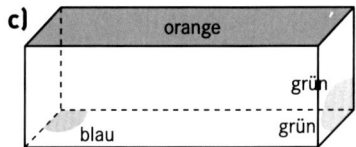

25. a)

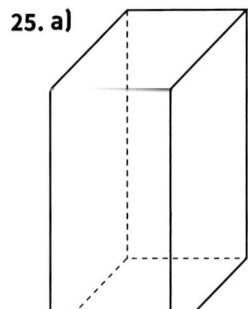

b)

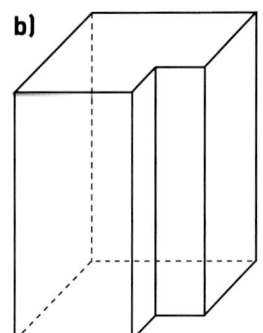

c)

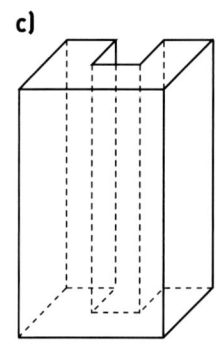

4.1 Flächenvergleich – Messen von Flächeninhalten

4.1.1 Größenvergleich von Flächen – Begriff des Flächeninhalts

9

1. A = 12; 4; 8; 4; 8; 4; 9; 10; 12; 5; 8; 9,5 Kästchen

2.

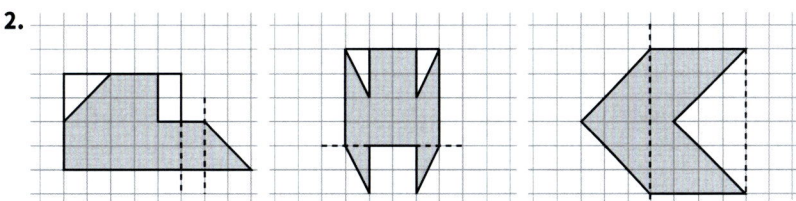

4.1.2 Angabe eines Flächeninhalts durch Maßzahl und Einheiten – Die Einheit 1 cm²

3. Das Rechteck hat den Flächeninhalt 24 cm² und den Umfang 14 cm.

50

4.

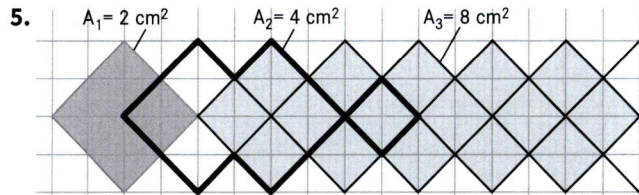

Das Rechteck hat den Umfang 10 cm und den Flächeninhalt 6 cm².
Weitere Rechtecke mit gleichem Umfang haben einen anderen Flächeninhalt.

5. A_1 = 2 cm² A_2 = 4 cm² A_3 = 8 cm²

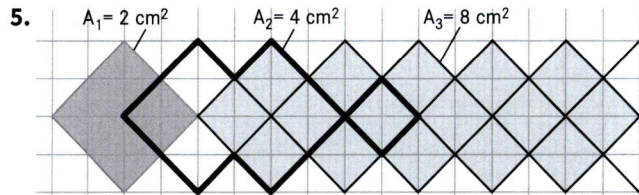

4.1.3 Weitere Einheiten für Flächeninhalte – Zusammenhänge

6. a)   A = 5 cm²   **b)**   A = 6,5 cm²   **c)**   A = 8,75 cm²

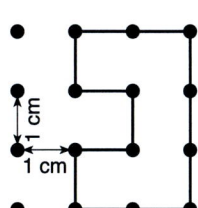   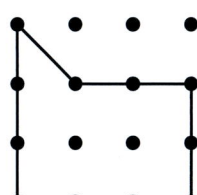   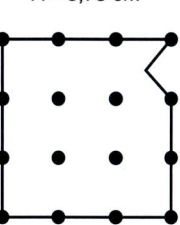

7. Personalausweis: 7 800 mm²
Schwimmbecken: 5 a
CD: 175 cm²
Tor: 15 m²
Nadelöhr: 3 mm²
Fernseher: 60 dm²

51 **8. a)/b)**

Fläche	km²		ha		a		m²		dm²		cm²		mm²	
Deckblatt Arbeitsheft									6					
SD-Speicherkarte											4	5		
Garagentor									2	1	8			
Strafraum beim Fußball					6	6	5							
Pflasterstein											6	0	5	
Sitzfläche eines Stuhls									1	0	0	5		

4.1.4 Umwandeln in andere Einheiten

9. a) 240 m² = 2,4 a

b) 3,12 ha = 312 a

c) 3,12 ha = 31 200 m²

d) 212 dm² = 2,12 m²

e) 3,5 km² = 350 ha

f) 180 mm² = 0,018 dm²

g) 4,05 cm² = 405 mm²

h) 123 mm² = 1,23 cm²

i) 0,05 km² = 500 a

10. 250 cm²; 300 dm²; 8 cm²; 9 ha; 1 200 m² · 6 ha; 9 700 mm², 533 000 mm², 700 mm²; 127 m²; 27 ha.
Lösungssatz: „Du bist super.".

4.2 Formeln für Flächeninhalt und Umfang eines Rechtecks

52 **11. a)**

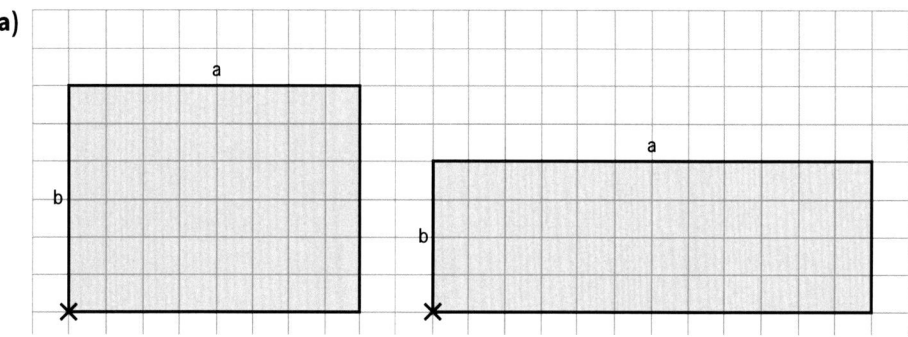

b)

	Rechteck 1			Rechteck 2		
	a	b	u	a	b	u
	4 cm	3 cm	14 cm	6 cm	2 cm	16 cm

12.

	a)	b)	c)	d)	e)	f)
Länge	9 m	5,2 m	5 cm	15,5 m	50 m	2 mm
Breite	8 m	2 m	6 dm 8 cm	4 m	95 m	32 mm
Flächeninhalt	72 m²	10,4 m²	340 cm²	62 m²	4 750 m²	64 mm²
Umfang	34 m	14,4 m	146 cm	40 m	290 m	68 m

52   **13. a)**

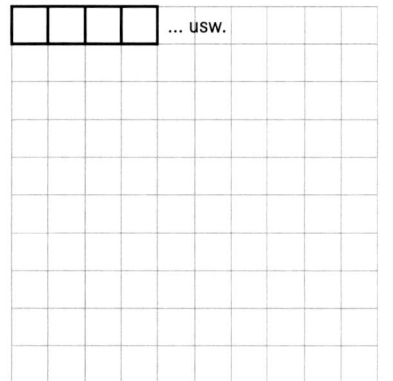

b)   Alle Aussagen sind wahr.

4.3   Rechnen mit Flächeninhalten

53   **14. a)**

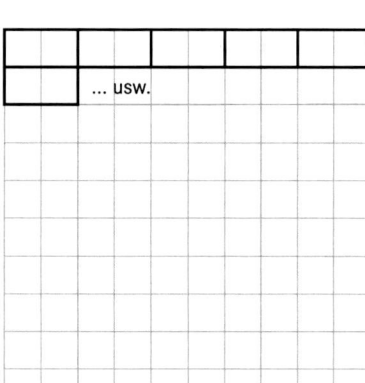

b)   Für Variante 1 benötigt er mindestens 100 Fliesen, für Variante 2 mindestens 50.

15.   (1)

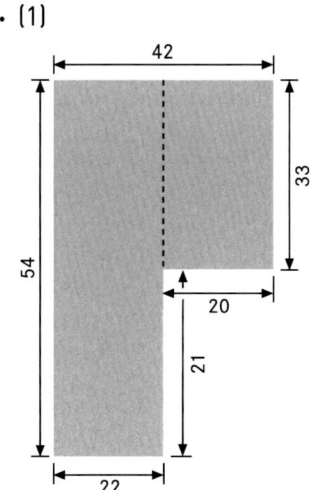

A = 1 840 m²
u = 192 m

(2)

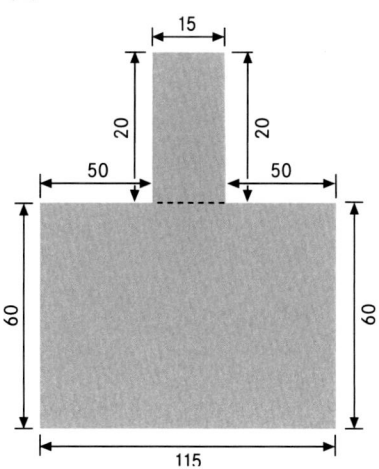

A = 7 200 m²
u = 390 m

(3)

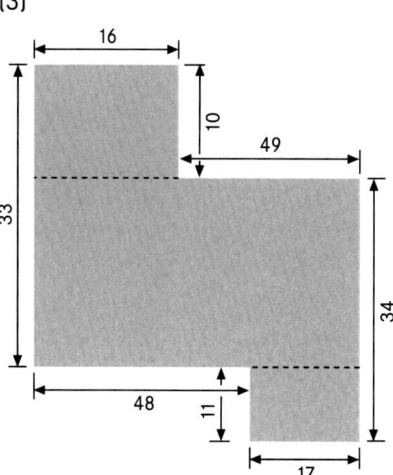

A = 1 842 m²
u = 218 m

4.4   Volumenvergleich von Körpern – Messen von Volumina

4.4.1 Größenvergleich von Körpern – Begriff des Volumens

54   **16. a)** Der erste und der dritte Körper haben dasselbe Volumen.

b) (1)   (2)

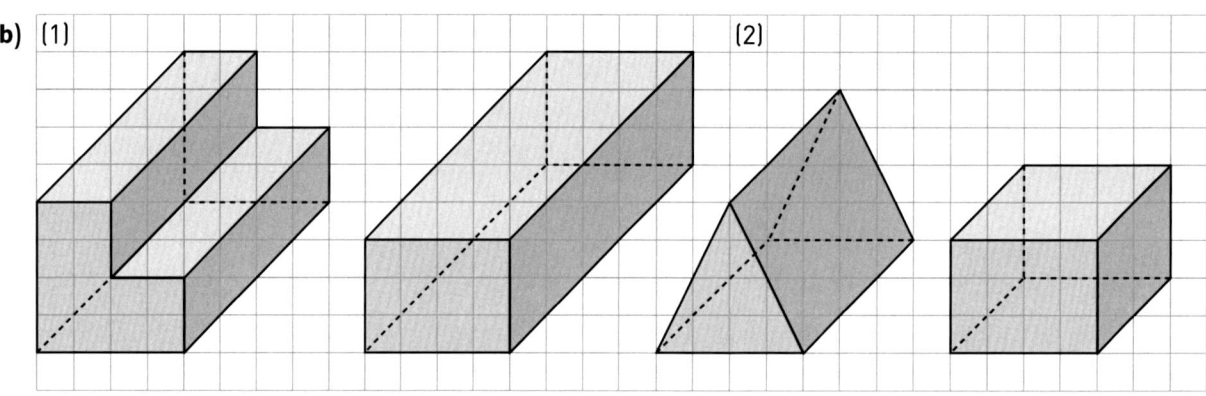

4.4.2 Angabe eines Volumens – Volumeneinheiten

17. a) (1) 12 cm³ (2) 15 cm³ (3) 15 cm³

b)

	Körper 1	Körper 2	Körper 3
Volumen des Körpers	12 cm³	15 cm³	15 cm³
Volumen des Ergänzungskörpers	6 cm³	3 cm³	9 cm³
Gesamtvolumen des Quaders	18 cm³	18 cm³	24 cm³

4.4.3 Zusammenhang zwischen den Volumeneinheiten

55   **18.** Hochhaus: 30 000 m³
Wasserflasche: 1 l
Garage: 33 m³
Erbse: 100 mm³
Regentonne: 240 l
Würfel: 3 cm³

19. Falsch sind 1, 4, 5, 6, 9, 10 und 12. Die Lösungszahl ist 47.

20. (1) 37 700 mm³   (5) 70 000 cm³   (9) 2 000 cm³   (13) 5 dm³
(2) 3 000 dm³   (6) 2 000 l   (10) 3 000 mm³   (14) 6 m³
(3) 4 m³   (7) 40 000 mm³   (11) 4 dm³
(4) 700 cm³   (8) 3 m³   (12) 19 cm³

4.5   Formeln für Volumen und Oberflächeninhalt eines Quaders

56   **21. a)** 36 cm³; 72 cm²   **c)** 125 m³; 555 m²   **e)** z. B.: 10 cm; 5 cm; 340 cm²
b) 7 cm; 122 cm²   **d)** 49 cm³; 16 380 mm²

22. a) V = 24 cm³; O = 52 cm²   **b)** V = 30 cm³; O = 62 cm²

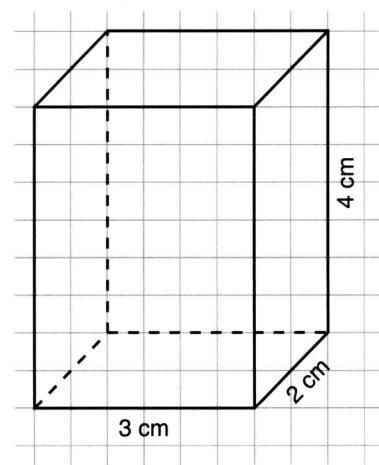
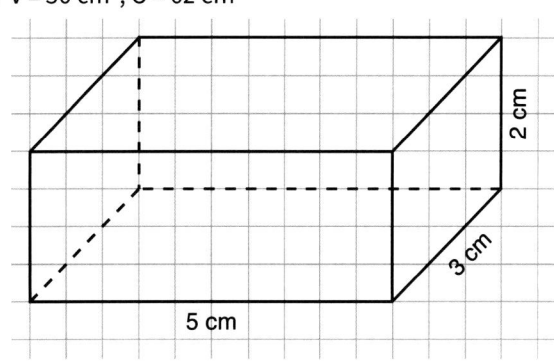

23. Fülle das 3 l-Gefäß und schütte die Flüssigkeit ins 5 l-Gefäß um. Fülle das 3 l-Gefäß nochmals und gieße 2 l davon ins 5 l-Gefäß, sodass dieses voll ist. Dann schütte das 5 l-Gefäß aus und fülle den restlichen Liter aus dem 3 l-Gefäß dort wieder ein. Schließlich fülle das 3 l-Gefäß und gieße dann um. Nun befinden sich im 5 l-Gefäß vier Liter Flüssigkeit.

4.6 Rechnen mit Volumina

24. a) 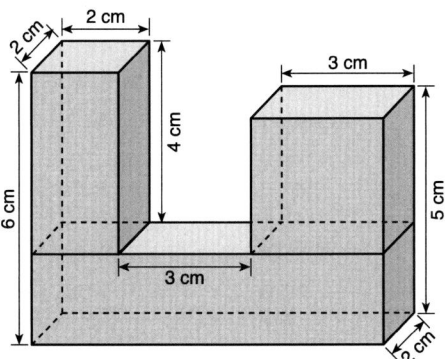   **b)** 16 cm³; 32 cm³; 18 cm³; 66 cm³

25. Volumen des großen Quaders: 75 cm³   Volumen des kleinen Quaders: 27 cm³
Volumen des Körpers: 75 cm³ – 27 cm³ = 48 cm³

26. a) 60 cm³   **b)** 60 cm³   **c)** 96 cm³

Bist du kompetent im Umgang mit dem Messen von Raum und Form? Umgang mit Flächeninhalt und Volumen

27. a) Sofa 150 cm · 90 cm, Drehstuhl 60 cm · 60 cm, Bücherschrank 45 cm · 120 cm,
Regal 30 cm · 120 cm, Tisch 78 cm · 78 cm, Computerecktisch 90 cm · 90 cm

     b) –   **c)** Grundfläche 12,15 m²   **d)** –

28. –

5.1 Einführung der Brüche

5.1.1 Zerlegen eines Ganzen in gleich große Teile

59   **1. a)**

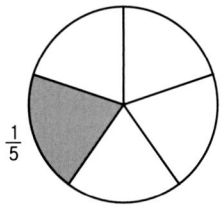 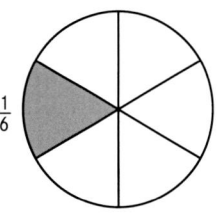 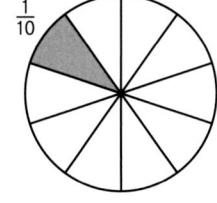 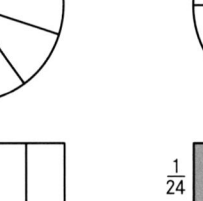

b)

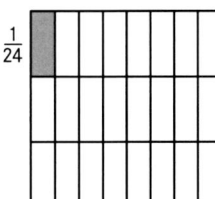

2. a)

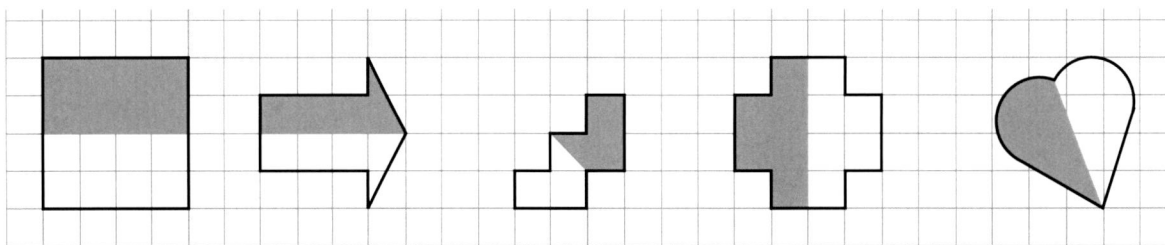

b)

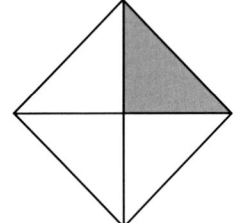 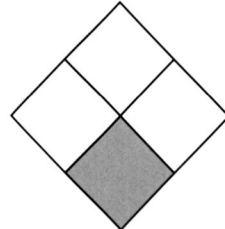 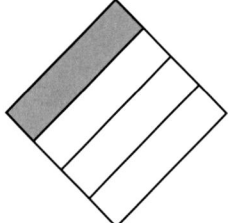

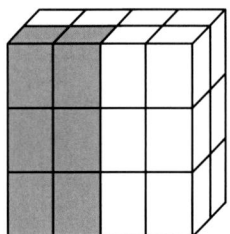 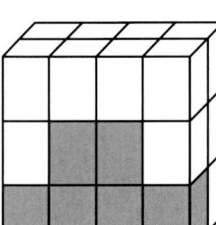

c)

3. a) 10 m   **b)** 200 ml   **c)** 125 g   **d)** 25 dm²

60   **4.**

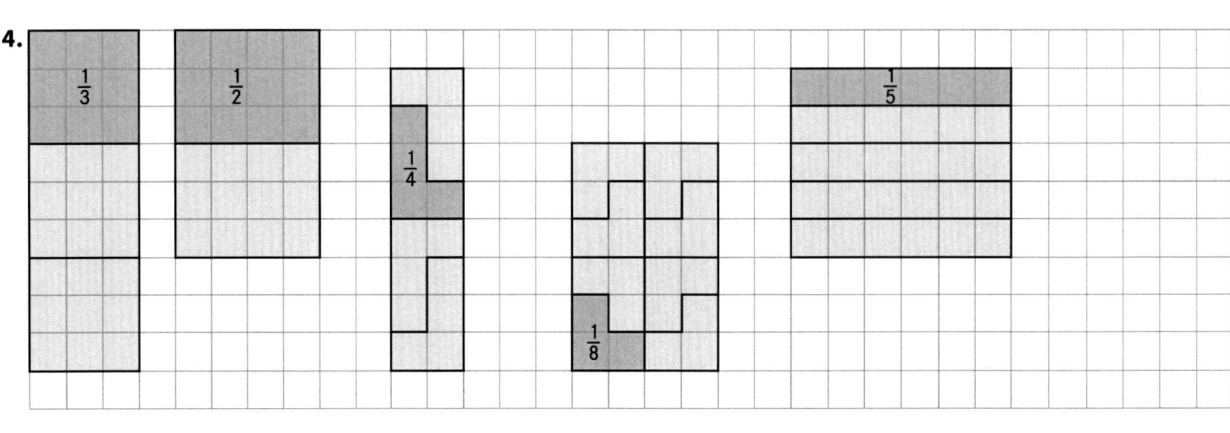

5.1.2 Anteile an einem Ganzen

5. a)

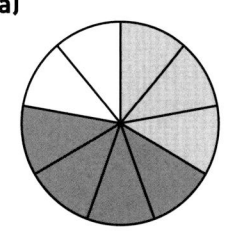 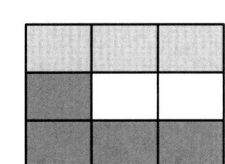

rot: $\frac{4}{9}$

blau: $\frac{3}{9}$

c)

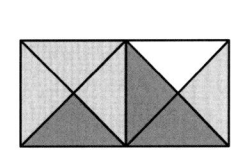 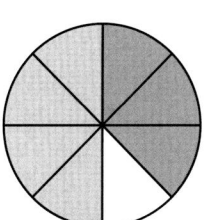

rot: $\frac{4}{8}$

blau: $\frac{3}{8}$

b)

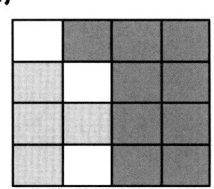 

rot: $\frac{4}{16}$

blau: $\frac{9}{16}$

d)

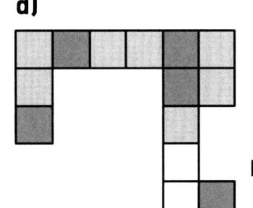 

rot: $\frac{7}{14}$

blau: $\frac{5}{14}$

6. a) $\frac{5}{10}$

b) $\frac{1}{4}$

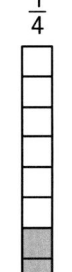

c) $\frac{3}{4}$

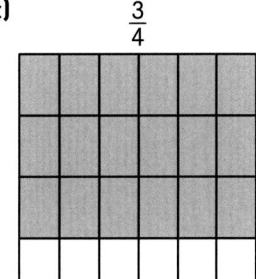

d) $\frac{5}{6}$

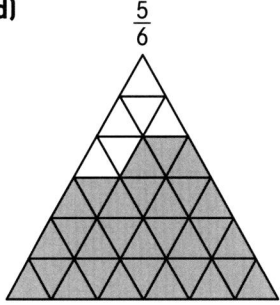

e) $\frac{2}{3}$

f) $\frac{3}{10}$

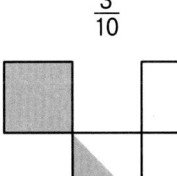

g) $\frac{1}{8}$

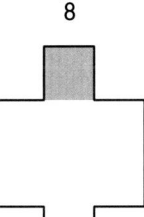

h) $\frac{1}{3}$

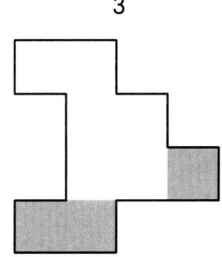

7. a) $\frac{11}{25}$ bleiben ungefärbt.

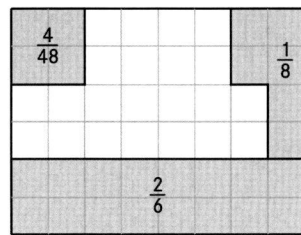

b) $\frac{5}{24}$ sind ungefärbt; gefärbt sind der Reihe nach: $\frac{7}{48}; \frac{19}{48}; \frac{20}{48}$

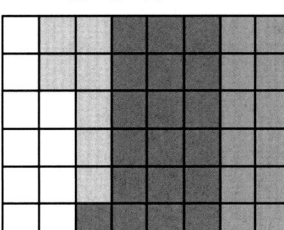

8. $\frac{3}{4}$ h = 45 min

$\frac{2}{3}$ h = 20 min

$\frac{5}{12}$ h = 25 min

$\frac{5}{6}$ h = 50 min

5.1.3 Unechte Brüche – Gemischte Schreibweise

9. Stelle mithilfe der Rechtecke dar:

a) $3\frac{4}{5}$

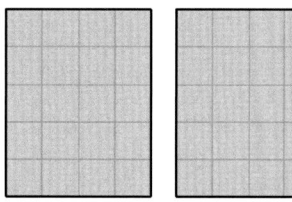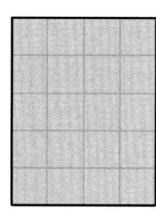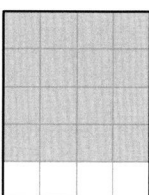

b) $\frac{9}{4}$

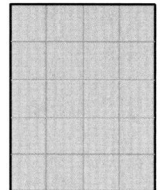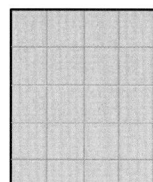

10. a) $3\frac{3}{4} = \frac{15}{4}$ **b)** $2\frac{1}{2} = \frac{5}{2}$

59

11. $2\frac{3}{4}$ kg $= \frac{11}{4}$ kg

$7\frac{3}{10}$ km $= \frac{73}{10}$ km $= 7\,300$ m

$12\frac{3}{5}$ kg $= \frac{63}{5}$ kg $= 12\,600$ g

$7\frac{2}{5}$ km $= 7\,400$ m $= \frac{37}{5}$ km

$5\frac{4}{5}$ m $= 58$ dm $= \frac{29}{5}$ m

$4\frac{5}{8}$ cm² $= \frac{37}{8}$ cm²

Alle anderen Angaben passen nicht zueinander.

5.2 Erweitern und Kürzen

5.2.1 Brüche mit gleichem Wert – Erweitern eines Bruchs

12. a)

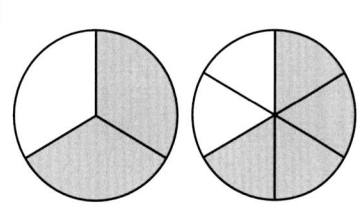

$\frac{2}{3} = \frac{4}{6}$

b)

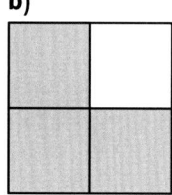

$\frac{3}{4} = \frac{12}{16}$

c)

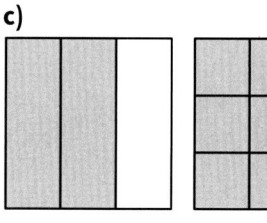

$\frac{2}{3} = \frac{6}{9}$

60 **13.** rot: $\frac{16}{72} = \frac{8}{36} = \frac{2}{9}$ grün: $\frac{12}{72} = \frac{6}{36} = \frac{1}{6}$

blau: $\frac{28}{72} = \frac{14}{36} = \frac{7}{18}$ gelb: $\frac{8}{72} = \frac{4}{36} = \frac{1}{9}$

14. a) $\frac{3}{7} = \frac{9}{21} = \frac{15}{35} = \frac{36}{84}$ **b)** $\frac{6}{11} = \frac{18}{33} = \frac{30}{53} = \frac{72}{132}$ **c)** $\frac{17}{21} = \frac{51}{63} = \frac{85}{105} = \frac{204}{252}$

15. a) $\frac{1}{2} = \frac{5}{10}$ $\frac{3}{2} = \frac{15}{10}$ $\frac{3}{2} = \frac{15}{10}$ $\frac{6}{5} = \frac{12}{10}$ $1\frac{4}{5} = \frac{18}{10}$

b) $\frac{3}{4} = \frac{18}{24}$ $\frac{1}{2} = \frac{12}{24}$ $\frac{2}{3} = \frac{16}{24}$ $\frac{5}{8} = \frac{15}{24}$ $\frac{7}{12} = \frac{14}{24}$